eat be

Der kleine Hase lernt Englisch

do sit

tosa

Dieses Buch gehört:

Viktoria Degrell

1090 Wien, Alser Straße 24
Text und Illustrationen: Norbert Pautner, München
Covergestaltung: Joseph Koó
Coverbild: Norbert Pautner
Druck: DELO tiskarna, Slowenien

www.tosa-verlag.com

Der kleine Hase lernt Englisch

Heute hat der kleine Hase seine schönste blaue Latzhose angezogen. Seit dem Frühstück sitzt er auf dem großen Sessel im Wohnzimmer und lässt ungeduldig die Füße baumeln. Er ist ein bisschen aufgeregt, weil heute sein Freund, der Waschbär, zu Besuch kommt. Die Familie des kleinen Waschbären lebt noch nicht sehr lange im Wald. Sie ist erst vor ein paar Jahren aus Amerika hierher gezogen. Wo genau Amerika liegt, weiß der kleine Hase nicht. Aber der kleine Waschbär hat erzählt, dass seine Großeltern damals mit dem Schiff über ein großes Meer gefahren waren. Amerika muss also sehr weit weg sein.

In Amerika sprechen die Tiere englisch.
Englisch ist eine andere Sprache als Deutsch,
und man versteht es nicht, wenn man es nicht gelernt hat.
Gerade als der kleine Hase noch über das ferne Land
Amerika und die Sprache Englisch nachdenkt, klopft es.
Schnell wie der Blitz saust der kleine Hase zur Tür.

Draußen steht der kleine Waschbär – und er ist nicht allein:
Er hat ein Eichhörnchen mitgebracht.
Das sieht aber merkwürdig aus, findet der kleine Hase.
Es ist ganz grau und gar nicht rot, so, wie die Eichhörnchen, die er kennt.

„Das ist mein Cousin aus England“, stellt der kleine Waschbär seinen Begleiter vor, „mein Verwandter.“ Was ein Verwandter ist, weiß der kleine Hase. Mama Hase hat es ihm erklärt: jemand aus derselben Familie. Eine Oma, ein Bruder, eine Schwester, ein Onkel – alles Verwandte. Und ein Cousin ist also auch ein Verwandter. Und Engländer sprechen Englisch – wie Amerikaner. Logisch, das sagt ja schon der Name.

„Hallo, Cousin Eichhörnchen!“, begrüßt der kleine Hase den Cousin aus England. Doch anstatt auch Hallo zu sagen, guckt der Cousin nur den Waschbären an und fragt: „Waddidiseh?“

Der kleine Hase versteht gar nichts.

Am besten gehen sie erst mal ins Wohnzimmer.

„Entschuldigung!“, sagt da der kleine Waschbär,
„mein Cousin spricht leider nur englisch.
Und jetzt hat er gerade gefragt, was du gesagt hast.“
„Was hat er denn genau gesagt?“, fragt der kleine Hase.
„Er hat gesagt: ‚What did he say?’, das heißt:
‚Was hat er gesagt?’“, erklärt der Waschbär.
„Aha“, murmelt der kleine Hase nur.
„What did he say?“, fragt das graue Eichhörnchen wieder.
„Hello, cousin squirrel“, übersetzt der Waschbär.
Jetzt fragt der kleine Hase wieder: „Was hast du gesagt?“

Dem Waschbären wird das allmählich etwas zu viel mit der dauernden Übersetzerei.
„Vielleicht stelle ich euch erst mal einander vor, dann sehen wir weiter“, schlägt er vor.
„This is little rabbit“, sagt er zum grauen Eichhörnchen.
Und zum kleinen Hasen sagt er: „Das ist mein Cousin Squirrel. Squirrel ist englisch und heißt Eichhörnchen. Und rabbit ist auch englisch und heißt Hase, little heißt klein.“

„My name is Squirrel“, sagt das Eichhörnchen.
Und es fragt: „What's your name?“
„Wie du heißt, hat er gefragt“, übersetzt der Waschbär.
„Ich heiße Hase. Mei nähm is rebbit“, sagt der kleine Hase.
Das Wort „klein“ lässt er lieber weg.

„Skwww …“, versucht der kleine Hase jetzt zu sagen, „das ist aber ein lustiger Name.“
„Rabbit, rabbit“, sagt das Eichhörnchen. Und dann zeigt es hin und her und sagt: „I, squirrel. You, rabbit.“
„Ei? Ju?“, wiederholt der kleine Hase und sieht fragend den Waschbären an.
Der antwortet: „I heißt ich und you heißt du.“

„Was heißt denn: ‚I freue mich, you kennen zu lernen?‘“, fragt der kleine Hase.
„I am glad to meet you“, antwortet der Waschbär.
„Ei äm gläd tu miht ju“, wiederholt der kleine Hase und streckt dem Eichhörnchen aus England zur Begrüßung die Hand entgegen.

„Nice to meet you, rabbit“, sagt das Eichhörnchen und schüttelt die Hand des kleinen Hasen. „How do you do?“ Bevor der kleine Hase fragen kann, was „haudujudu“ heißen soll, erklärt der Waschbär schnell: „Nice heißt schön. Er hat also gesagt: ‚Schön dich kennen zu lernen, Hase‘. Und dann hat er gefragt, wie's dir geht.“

Der kleine Waschbär hatte nicht damit gerechnet, dass er so viel würde übersetzen müssen. Er ist schon ganz erschöpft. Darum sagt er: „Kommt, lasst uns spielen gehen!
Come on, let's go play!"
Beim Spielen redet man wenigstens nicht so viel.
„Prima Idee!", ruft der kleine Hase. „Ich hole nur noch den Picknick-Korb!", kündigt er an und läuft schnell in die Küche.

Das hat das Eichhörnchen irgendwie verstanden.
„Picnic? I like picnic!“, ruft es ganz entzückt.
„Ja, ich mag Picknick auch“, sagt der Waschbär.
Oje, jetzt fängt er schon an, mit seinem Cousin
Deutsch zu reden! Was für ein Durcheinander!

Als der kleine Hase wieder da ist, hält er einen großen Picknick-Korb in den Händen.
„Auf geht's!", sagt er. „Let's go!" pflichtet ihm das Eichhörnchen bei und grinst. „Na, die verstehen sich ja prima!", denkt der Waschbär erleichtert.

Draußen scheint die Sonne, und so gehen
die drei Freunde vergnügt zum Fluss.
Dort hat der kleine Hase nämlich einen Lieblingsplatz.
Hier kann man nicht nur gut spielen,
sondern bestimmt auch genauso gut picknicken.

Als sie am Fluss ankommen, holt der kleine Hase eine Wolldecke aus dem Picknick-Korb und breitet sie auf dem Gras aus. Als sich die drei hinsetzen, sieht der kleine Hase ein paar Pilze mit vielen weißen Punkten. Da fällt ihm ein, wie er zählen gelernt hat.
„Ich kann schon zählen“, sagt er stolz.
Der Waschbär sieht den fragenden Ausdruck auf dem Gesicht des Eichhörnchens und übersetzt schnell: „He can count.“ „No, really?“, fragt das Eichhörnchen. „Nein, wirklich?“, übersetzt der Waschbär.

„Ja“, sagt der kleine Hase. „Yes“, übersetzt der Waschbär.
Der kleine Hase hält seine Hände in die Luft
und zählt an den Fingern ab:
„Eins, zwei, drei, vier, fünf, sechs, sieben, acht, neun, zehn.“
Das graue Eichhörnchen macht es ihm nach:
„One, two, three, four, five, six, seven, eight, nine, ten.“

Das will der kleine Hase auch können, also wiederholt er:
„Wan, tu, ssrih, foah, fi-fei-fü …“
„Five“, verbessert ihn das Eichhörnchen.
„Feif“, wiederholt der kleine Hase und fährt fort:
„siks, säwen, eeht, nein, tenn.“
Toll, englisch zählen ist gar nicht so schwer!

Während die beiden zählen, sieht der Waschbär nach,
was er im Picknick-Korb so alles zu essen findet.
Fein säuberlich legt er das Essen aus dem Korb
auf die Wolldecke – ein Teil neben das andere.
„Was machst du denn da?“, fragt der kleine Hase.
„What are you doing?“, fragt auch das Eichhörnchen.
„Ich, äh, also … das Essen, weißt du. The food, you know“,
stottert der Waschbär. Er fühlt sich ein wenig ertappt.

„Schau: eine Banane, ein Apfel und ein Möhrenkuchen“, sagt er zum kleinen Hasen. Der weiß das aber schon – schließlich hatte ja seine Mutter den Picknick-Korb gepackt. Jetzt meint der Waschbär zum Eichhörnchen:
„Look: a banana, an apple, a carrot cake.“
„Karottenkeks“, sagt der kleine Hase.
„Das ist ja fast dasselbe Wort!“
Allmählich hat der kleine Hase das Gefühl, dass Englisch und Deutsch doch nicht so verschieden sind. Vielleicht können ja auch Sprachen verwandt sein; so wie Tiere, nur anders.

Während der kleine Hase so überlegt, muss der Waschbär schon wieder im Picknick-Korb herumwühlen. Das ist bei Waschbären angeboren, da kann man nichts machen. Erst klappert er mit dem Griff herum, dann hebt er den Korb hoch, um den Boden zu untersuchen – und jetzt ist es passiert! Der Korb ist ins Wasser gefallen!
Der schöne Picknick-Korb treibt auf dem Fluss davon.

„Hilfe! Hilfe!“, schreien der kleine Hase und der Waschbär.
„Help! Help!“, ruft das Eichhörnchen.
Die drei Freunde laufen dem Korb am Ufer hinterher.
Er treibt immer schneller davon.
Schon ist er hinter der nächsten Biegung verschwunden.

Die drei laufen, was das Zeug hält.
Immer weiter entfernt sich der Korb.
Bald schon können sie ihn nicht mehr sehen.
Aber trotzdem laufen sie immer weiter am Ufer entlang.

„Gehört der euch?“, fragt plötzlich jemand. Ein Storch steht am Ufer und hält den Picknick-Korb in der Hand! Wie sich der kleine Hase da freut! „Yes!“, ruft er ganz laut und verbessert sich schnell: „Ja. Das ist unser Picknick-Korb, Herr Storch. Danke, dass Sie ihn aus dem Fluss geholt haben!“
„Danke!“, sagt auch der Waschbär.
„Thank you!“, wiederholt das Eichhörnchen auf Englisch.

„So ganz freiwillig war das nicht“, schmunzelt der Storch.
„Ich wollte eigentlich in Ruhe angeln,
da hat sich das Ding in meiner Angelschnur verheddert.“

Nachdem sie sich noch einmal beim Storch bedankt haben,
gehen die drei zurück zu ihrem Picknick-Platz.
Nach dieser Aufregung sind sie ganz schön hungrig.
Schweigend essen sie die Banane, den Apfel
und den Möhrenkuchen.
Dabei ist ausgerechnet der Waschbär besonders still.

Jetzt wird es auch langsam Zeit, nach Hause zu gehen.
Hase, Waschbär und Eichhörnchen laufen noch ein Stück des Weges gemeinsam, dann verabschieden sie sich.
„Auf Wiedersehen“, sagt der kleine Hase.
„Good bye!“, ruft das Eichhörnchen, und: „Oufwidaseehn!“
Da antwortet der kleine Hase: „Gudbei!“

Am Abend klopft es an der Tür von Familie Hase.
Es sind der kleine Waschbär und das graue Eichhörnchen.
Papa Waschbär ist auch dabei.

Das Eichhörnchen sagt: „This is for you!“, und gibt
dem kleinen Hasen ein Heft. Und der Waschbär fügt hinzu:
„Das ist für dich. Ein Wörterbuch, das wir selbst
gemacht haben! Damit du noch mehr Englisch lernst.“
Dann flüstert er: „Und wenn mein Cousin
uns das nächste Mal besucht,
muss ich nicht mehr so viel übersetzen …“

Schließlich sagen alle noch „Good night!“ und „Gute Nacht!“, und der kleine und der große Waschbär und der Cousin aus England gehen wieder nach Hause.

Der kleine Hase kann es gar nicht abwarten,
in dem Heft zu lesen!
Er macht es sich in Papa Hases großem Ohrensessel
gemütlich und schlägt die erste Seite
seines neuen Wörterbuchs auf …

LEXIKON FÜR HASE
DICTIONARY FOR RABBIT

Wörter, die sagen, was man tut

to eat	essen
to drink	trinken
to like	mögen
to want	wollen
to have	haben
to be	sein
to do	machen
to get	bekommen
to let	lassen
to say	sagen
to think	denken
to hear	hören

to listen	zuhören
to read	lesen
to write	schreiben
to draw	zeichnen
to paint	malen
to count	zählen
to know	wissen
to meet	treffen
to go	gehen
to run	laufen
to stop	anhalten
to stay	bleiben
to sit	sitzen
to sleep	schlafen
to play	spielen

Wörter, die sagen, wie etwas ist

good	gut
nice	schön, nett
fine	fein
bad	schlecht
little	klein, wenig
small	klein (Körpergröße)
big	groß, dick
tall	groß (Körpergröße)
fast	schnell
slow	langsam
early	früh
late	spät
cold	kalt
warm	warm

hot	heiß
wet	nass
dry	trocken
heavy	schwer
dark	dunkel
bright	hell
yellow	gelb
red	rot
blue	blau
green	grün
pink	rosa
purple	lila
brown	braun
black	schwarz
white	weiß

Wörter für Dinge und Lebewesen

	tree	Baum
	bush	Busch
	flower	Blume
	grass	Gras
	sun	Sonne
	moon	Mond
	star	Stern
	day	Tag
	night	Nacht
	water	Wasser
	apple	Apfel
	carrot	Möhre, Karotte
	banana	Banane
	lemon	Zitrone

orange	Orange
juice	Saft
milk	Milch
cheese	Käse
egg	Ei
bread	Brot
house	Haus
door	Tür
window	Fenster
lamp	Lampe
clock	Uhr
bed	Bett
cupboard	Schrank
box	Schachtel
chair	Stuhl

table Tisch

spoon Löffel

fork Gabel

knife Messer

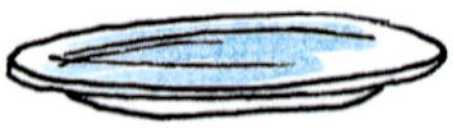

plate Teller

bowl Schüssel

glass Glas

mug Becher

cup Tasse

bottle Flasche

bag Tasche, Beutel

dog Hund

cat Katze

bird Vogel

rabbit Hase

raccoon	Waschbär
squirrel	Eichhörnchen
duck	Ente
bear	Bär
owl	Eule
beaver	Biber
horse	Pferd
cow	Kuh
sheep	Schaf
mouse	Maus
spider	Spinne
bee	Biene
frog	Frosch
fish	Fisch
trousers	Hose

shirt	Hemd
shoe	Schuh
nose	Nase
eye	Auge
ear	Ohr
mouth	Mund
head	Kopf
face	Gesicht
hair	Haar
neck	Hals
arm	Arm
hand	Hand
finger	Finger
leg	Bein
foot	Fuß

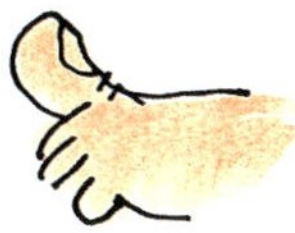

toe	Zeh
woman	Frau
man	Mann
girl	Mädchen
boy	Junge
father	Vater
mother	Mutter
son	Sohn
daughter	Tochter
brother	Bruder
sister	Schwester
grandma	Oma
grandpa	Opa
road	Straße
car	Auto

	bicycle	Fahrrad
	truck	Lastwagen
	bus	Bus
	train	Zug
	plane	Flugzeug
	ship	Schiff
	boat	Boot
	kite	Drachen
 	toy	Spielzeug
	ball	Ball
	balloon	Ballon
	pencil	Bleistift
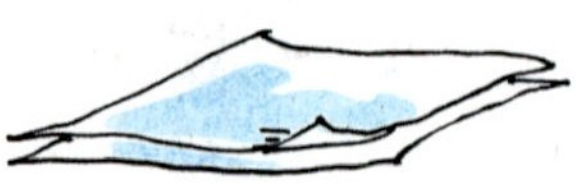	paper	Papier
	picture	Bild
	book	Buch